RÉFLEXIONS

LE PROJET DE LOI

RELATIF

AU REMBOURSEMENT FORCÉ

DES RENTES SUR L'ÉTAT,

Par C. Saint-Paul, Avocat.

PARIS.

DE L'IMPRIMERIE DE C. J. TROUVÉ,

RUE DES FILLES SAINT-THOMAS, N. 12.

1824.

RÉFLEXIONS

SUR

LE PROJET DE LOI

RELATIF

AU REMBOURSEMENT FORCÉ

DES RENTES SUR L'ÉTAT.

LE Gouvernement propose d'ordonner le remboursement des rentes cinq pour cent consolidés au denier vingt et en numéraire. Au premier aperçu, on admire que la dette publique, qui a éprouvé tant de vicissitudes, et dont la valeur a été si long-temps éloignée du pair, se trouve aujourd'hui exempte de toute perte. Si la prospérité des finances de l'État le met en position d'éteindre sa dette et d'en décharger les contribuables, on ne peut qu'approuver cette mesure; seulement on pourra regretter qu'un très-grand nombre de Français n'aient plus l'intérêt de leur fortune lié à celui de la chose publique.

Mais s'il ne s'agit que d'une spéculation financière qui ne diminuera nullement le capital de la dette publique, et qui ne prend sa source que dans le crédit et non dans la richesse effective, je suspendrai mon admiration, et me livrerai à de profondes réflexions.

Ce remboursement intégral, me dit-on, est dû à un emprunt égal au montant de la dette publique; des *étrangers* fournissent la plus grande partie de ce prêt. Mais dès-lors, des étrangers vont donc être substitués, par le fait, à des Français! Si tout à l'heure je regrettois l'absence de la dette publique, parce qu'un grand nombre de mes compatriotes n'étoit plus aussi intéressé à la prospérité de l'État, je dois gémir maintenant que la propriété de cette dette passe tout à coup dans les mains des étrangers. Aujourd'hui, je le crois bien, l'intérêt de leur spéculation les porte à nous offrir tous leurs fonds, tout leur crédit sur les capitalistes étrangers; mais il peut, il doit nécessairement survenir tels événemens politiques qui leur fournissent plus de bénéfice à réaliser leurs capitaux et à les porter dans d'autre pays. L'avantage d'un pour cent, suffira pour qu'ils jettent sur la place toutes leurs rentes ; étrangers aux intérêts de la France, ils ne daigneront pas même faire la réflexion qu'ils discréditeront nos finances.

Mais, me dit-on encore, ne craignez pas que la dette publique passe ainsi dans les mains des étrangers ; rendez plus de justice au ministère : il n'eût pas fait le remboursement, si c'en eût été le résultat ; cet emprunt n'est qu'une feinte : L'abondance du numéraire en France et l'absence des grandes spéculations commerciales privent les capitalistes des moyens d'employer leurs capitaux ; les rentiers, dont la plupart n'ont que ce genre de revenu, ne s'empresseront pas de recevoir des fonds qui resteroient oisifs, et qu'ils seroient obligés de consommer, faute de revenus ; ils se trouveront forcés de prendre les nouvelles rentes, qui semblent destinées aux prêteurs, et constituées à un cinquième de moins que celles actuelles. Ainsi le Gouvernement se trouvera allégé d'un cinquième dans le service des rentes, et n'éprouvera d'autre perte que celle de la commission accordée aux banquiers qui auront prêté leur nom à cette opération. Ne voyons-nous pas que, lorsqu'un débiteur sait son créancier dans l'impossibilité d'accepter le remboursement de sa créance, il emprunte pour vingt-quatre heures des espèces, dont il lui fait l'*offre réelle* ; il les fait voir, et les remporte après avoir obtenu une meilleure composition sur sa dette.

Je conçois maintenant l'opération ; elle me fournit l'idée de comparer le Gouvernement au père d'une nombreuse famille : si celui-ci vouloit, à l'aide d'un emprunt à quatre pour cent, rembourser une rente constituée à cinq pour cent à un seul de ses enfans, dans un moment où, par impossibilité d'utiliser ses fonds, celui-ci seroit obligé de le prier de conserver le capital et de le réduire à quatre pour cent, ses autres enfans lui diroient : Puisque vous êtes à même de rembourser la dot de notre sœur, faites-lui en l'offre ; mais, si elle le refuse, par l'impossibilité d'utiliser le capital, renoncez à votre emprunt, laissez les choses dans l'état actuel, et rejetez une spéculation fatale à votre fille, une spéculation qui n'est admise qu'entre personnes *étrangères l'une à l'autre.*

Le langage d'un Français, vis-à-vis le ministère, pourroit être plus sévère que celui des enfans vis-à-vis leur père ; et d'ailleurs diverses objections qui seroient personnelles au ministère, pourroient lui être faites. Pourquoi, aujourd'hui, invoquez-vous l'art. 1911 du Code civil, tandis que les rentiers , s'ils eussent été deux ans sans recevoir leurs arrérages, comme cela a déjà eu lieu dans des temps malheureux, n'eussent pu exiger le remboursement prescrit par l'art. 1912 ? d'ailleurs, ne sait-on pas qu'une foule de lois particulières et privilégiées pour le fisc, le mettent au-dessus des lois ordinaires , et que celles-ci n'ont réellement d'application qu'entre particuliers. Le fisc ne respecte pas même la Charte : l'article 2 porte textuellement , « Les Français » contribuent indistinctement *dans la proportion* » *de leur fortune*, aux charges de l'État. » Et , cependant la régie de l'enregistrement prend, depuis ving-quatre ans, et continue de prendre , sous le régime de la Charte, le droit de succession *sur le brut* (et non pas sur le net) de la fortune dont on semble hériter ; en sorte que, l'héritier d'une pièce de terre de la valeur de 10000 fr. grévée de 9000 fr. de dettes , est soumis envers l'État , à un droit égal , en ligne directe, à dix pour cent, et en ligne collatérale à soixante-dix pour cent de l'actif net de cette succession , tandis que , si elle n'eût été grevée d'aucune dette , l'héritier eût payé, en ligne directe, seulement un pour cent, et en ligne collatérale sept pour cent de cet actif net.

Ne venez donc pas citer en votre faveur des

lois que vous ne permettez pas de vous opposer ; mais en l'absence comme en présence des lois, prenez pour règle la justice et l'humanité ; elles doivent faire seules la base de votre administration.

Est-il juste que ceux des rentiers qui ont éprouvé la perte des deux tiers de leurs rentes, soient aujourd'hui réduits à accepter la perte d'un cinquième sur le tiers restant, par l'impossibilité où ils sont d'utiliser le capital que vous leur offrez? je dois réunir à cette classe celle des porteurs de rentes créées depuis la restauration, jusqu'à la somme de 2,000 fr. au moins. Ces petits capitalistes ont voulu mettre leur fortune à l'abri des remboursemens, et assurer leur existence en la confiant à la loyauté du Gouvernement ; tout autre placement aujourd'hui retrancheroit de leurs moyens de vivre : pour eux, la rente perpétuelle est véritablement alimentaire, et en quelque sorte incessible.

Que dirons-nous de ces usufruitiers qui ne pourront s'accorder avec les nu-propriétaires, ni pour l'emploi du capital que vous leur offrez, ni pour l'acceptation de la perte d'un cinquième ? Leurs débats forceront donc le dépôt de leur capital sans emploi ou dans la caisse d'amortissement, à trois pour cent. Que dirons-nous des mineurs et des femmes mariées sous le régime dotal, dont les auteurs ont voulu assurer la fortune, et la mettre à l'abri des erreurs de leurs tuteurs ou de leurs maris, en la plaçant en rentes, qu'ils regardoient comme ne pouvant pas être remboursées? Forcerez-vous les tuteurs à recevoir ce remboursement? et quels emplois feront-ils à leurs risques? forcerez-vous les femmes à perdre tout l'avantage du régime dotal, en confiant à leur mari le capital remboursé? quels emplois utiles les conseils de famille pourront-ils prescrire, dans un moment où les personnes maîtresses de leurs fortune, ne savent où la placer? que dirons-nous de ces nombreuses tontines dont l'unique base est la rente consolidée? de cette caisse Lafarge dont le million en rentes originaires, est le tiers sauvé de la banqueroute révolutionnaire? de cette caisse d'économie pour laquelle vous venez d'autoriser les inscriptions de 10 francs? Il faut donc que tous ces capitaux économisés, retombent tout-à-coup dans des mains incapables de les employer, ou plutôt ces divers créanciers de l'État seront *forcés* d'accepter la réduction du cinquième. Si vous ne voulez pas ruiner ces diverses classes, ou du moins jeter le plus grand désordre dans leurs affaires, il vous faudra les affranchir du remboursement, et respecter leurs droits actuels ; mais le principe des exceptions une fois admis, une foule d'autres espèces se présenteront, et ne serviront qu'à prouver le vice de la mesure ; on est même autorisé à penser que c'est là ce qui a déterminé le silence du ministère sur ces diverses classes de rentiers ; autrement, on seroit autorisé à lui reprocher une grande insouciance.

Le projet de loi ne prévoit rien sur les intérêts des mineurs, des femmes mariées, des usufruitiers et des nu-propriétaires ; et cependant, d'une part, le droit commun ne pourra qu'aggraver leur sort, si on l'applique à la mesure dont il s'agit ;... d'autre part, l'administration ne peut régler par des ordonnances, ce qui tient essentiellement au droit de propriété.

Le ministère s'est contenté de dire que *l'humeur* ou *l'ignorance de leurs intérêts pourroit seule porter les rentiers à refuser la conversion qui leur est offerte.* Cette phrase est bien dure, lorsqu'elle s'adresse à la classe des rentiers que je viens de désigner, classe estimable et méritante : car il est généralement vrai de dire que le Français qui, par son bon ordre, preuve infaillible d'un bon jugement, a assuré son existence et celle de sa famille, aime son Roi ; craint les troubles et abhorre les factions. Au

surplus , j'admets l'expression du Ministère ,
s'il veut parler de *l'humeur* bien fondée qu'é-
prouvent de malheureux vieillards se voyant ,
par le fait du Gouvernement, réduits à l'impossibilité d'accepter le remboursement, et à la
nécessité de perdre de leur revenu un cinquième
qui constitue, pour la plupart d'entre eux , leur
aisance ou même leur strict nécessaire : j'avoue
également *l'ignorance* de ceux qui, étant étrangers aux spéculations , à l'agiotage et à ses res-
sources, ne pourront utiliser leurs capitaux, à
l'instar des financiers ; *l'ignorance* de ceux dont
toute la science arithmétique leur permet de
croire que quatre sont moins que cinq, que leur
inscription de mille francs sera réduite à huit cents
francs , et que cette perte de deux cents francs
trouble, pour le reste de leur vie , toute leur existence.

J'entends le ministère , les financiers , et même
quelques propriétaires d'immeubles, se récrier
contre l'intérêt qu'on prend à une classe peu nombreuse : la petite considération que dix mille Pa-
risiens tomberont dans la misère , peut-elle en-
traver une mesure qui permettra de diminuer les
impositions de vingt-huit millions par an, et qui
enrichira un grand nombre de capitalistes?

· Ici *l'humeur* est du côté opposé aux rentiers.

L'habileté, et non *l'ignorance*, plaide la cause de l'emprunt ; eh bien ! cherchons à concilier tous ces intérêts, et dès-lors cette grande querelle s'appaisera. Proposons au Gouvernement une mesure qui puisse concilier la loyauté et l'humanité, avec les combinaisons financières.

Si les calculs du ministère sont justes, si le remboursement offert présente un bien plus grand avantage que la possession de la rente actuelle, les riches rentiers accepteront avec empressement leur remboursement, ou le replacement de leurs rentes dans le nouvel emprunt ; dès-lors, le Gouvernement aura atteint son but en très-grande partie, les trois-quarts des rentes étant dans la main des riches et surtout des financiers ; mais que du moins le Gouvernement attende patiemment le *moment opportun* de compléter son bénéfice par rapport aux petits rentiers !

En cela je rends justice au principe qu'une nation grévée d'une dette, doit chercher à s'en libérer, pourvu qu'elle concilie les intérêts de ses créanciers avec les siens. Je pense même que lorsqu'elle a respecté la position de celui à qui elle doit, au jour où elle peut lui offrir remboursement ; lorsqu'elle l'a suffisamment averti, et qu'elle a différé par rapport à lui, l'époque de sa libération, sans prendre de nouveaux engagemens, elle peut user de tout son droit vis-à-vis les héritiers et successeurs ; si même le créancier aliène volontairement, il cesse d'être dans la classe de ceux à qui la jouissance étoit nécessaire, et dès-lors le Gouvernement peut exercer son droit de libération. Je pourrois developper davantage ma pensée, mais je crois que je le ferai d'une manière plus claire, en indiquant, sous la forme d'une loi, toutes les mesures qui doivent en être la conséquence. Ce motif peut seul me servir d'excuse pour employer ce moyen.

TITRE PREMIER.

Le remboursement de la dette publique cinq pour cent consolidés, portés au Grand-Livre, est offert à tous les créanciers, au denier vingt, en numéraire ; mais leur acceptation est nécessaire.

L'aceptation pourra être faite, dès que la présente loi aura été publiée.

Le remboursement aura lieu dans l'ordre des numéros donnés au bulletin contenant réception de la déclaration. Toutes celles faites le même jour, soit à Paris, soit dans les départemens, donneront droit au remboursement, comme si elles eussent été inscrites sous le même numéro.

Le terme fatal pour le dépôt de ces déclarations

est fixé au 22 mars 1825; mais le Gouvernement ne sera pas tenu d'effectuer ce remboursement avant le 22 septembre 1825, en continuant jusqu'à cette époque de payer la rente à cinq pour cent.

Au cas où une rente appartiendra à un nu-propriétaire et à un usufruitier, il faudra le concours des deux pour l'acceptation du remboursement.

Au cas où une rente appartiendra à un mineur ou à un interdit, à une femme mariée et encore mineure, et même à une femme majeure, si elle est mariée sous le régime dotal, il faudra que l'acceptation du remboursement ait été préalablement autorisée par délibération du conseil de famille, dûment homologuée.

Au cas où une rente appartiendra à une femme mariée et majeure, ou à une personne soumise à un conseil judiciaire, il faudra le concours soit du mari et de la femme, soit du propriétaire et de son conseil judiciaire, pour que l'acceptation soit valable.

Une ordonnance du Roi, règlera le mode d'acceptation et de remboursement.

Au 23 septembre 1825, le Grand-Livre actuel sera fermé : toutes les rentes dont les propriétaires et les jouissans n'auront pas accepté le remboursement, composeront l'ancienne dette publique.

TITRE DEUXIEME.

Ancienne Dette publique.

A compter du 23 septembre 1825, lors de la mutation par vente, donation ou décès, de toute rente restée au Grand-Livre de l'ancienne dette publique, le Trésor royal aura la faculté exclusive de la racheter du cessionnaire, donataire ou successeur, en remboursant le capital au denier vingt, en numéraire.

Le Trésor royal aura délai d'un mois pour exercer cette faculté exclusive : en conséquence, il pourra suspendre de délivrer l'inscription pendant un mois, à partir du jour où le transfert régulier aura été signé *.

Quand même le Trésor royal n'auroit pas usé de cette faculté exclusive de rembourser, à l'époque d'une première mutation, il pourra l'exercer lors des mutations suivantes.

La dotation de la caisse d'amortissement pourra être consacrée à ces remboursemens.

Cette faculté exclusive du remboursement ne s'appliquera pas à la mutation de l'usufruit ou de la nue-propriété isolément l'un de l'autre.

---

* Il suffira de cette suspension pendant un mois ponr que les trois pour cent, transférables à tout moment, soient préférés par les *négocians en rentes*, classe entièrement distincte des rentiers pour qui je stipule.

TITRE TROISIEME.

Nouvelle Dette publique.

Il sera créée, à titre de *nouvelle dette publique*, des rentes *non remboursables*, et qui jouiront de tous les avantages, soit pour le mode de transfert, soit pour l'exemption d'oppositions, de contributions et de droit de succession, accordés actuellement aux cinq pour cent consolidés.

Cette nouvelle dette publique ne pourra pas être supérieure aux quatre cinquièmes de la partie du Grand-Livre qui aura été remboursée.

Tout propriétaire de rentes, cinq pour cent consolidés, qui en aura accepté le remboursement, ou qui sera forcé de l'accepter, aura la faculté exclusive de prendre en paiement des rentes de nouvelle dette publique, à raison de trois francs pour 75 francs de capital, auquel cas il exprimrea cette volonté dans la déclaration d'acceptation ou dans la quittance du remboursement, lequel sera immédiatement converti en trois pour cent.

Cette opération sera faite sans frais pour le rentier.

FIN